D1718479

GOLF

putting découverte

Jean-Pierre Tairraz

GOLF
putting découverte

HACHETTE

Introduction

*C*e livre sur le putting fait suite à deux ouvrages, «Golf: mode d'emploi» et «Golf: le savoir-faire».

Dans «Golf: mode d'emploi» le lecteur découvre les bases du swing, sans entrer dans trop de détails, dans le but de clarifier et de démystifier.

Le livre, qui est en fait un manuel pratique de golf, s'attache également aux coups particuliers sur un parcours ainsi qu'aux fameux drills qui permettent d'améliorer et d'assurer la maintenance du swing.

«Golf: mode d'emploi» s'adresse aussi bien à celui qui ne connaît pas encore le golf qu'au joueur confirmé qui a besoin de retrouver les bases du swing ou d'améliorer son jeu.

Mais le golf, ce n'est pas uniquement le swing : c'est le swing dans le contexte du jeu avec tout ce que cela comporte au niveau de l'entraînement, de l'aspect mental, de la concentration et de la tactique de jeu.

Ainsi « Golf : le savoir-faire » est la suite logique de « Golf : mode d'emploi ».

Le premier traite des bases du swing de golf, le deuxième s'attache aux bases du jeu.

*L*e principe adopté dans «Golf : le savoir-faire» est le même que dans «Golf : mode d'emploi» : un système de fiches illustrées. Chaque fiche est une entité. En fait, l'ouvrage se lit comme un livre mais se consulte comme un dictionnaire.

Le contenu de chaque fiche est appliqué par les bons joueurs et doit l'être par tous.

Toutes les facettes du jeu sont évoquées de façon claire et efficace.

Dans ces deux ouvrages, très peu de place était faite au putting ; or, à lui seul il représente 50 % du jeu.

Cela mérite bien un livre qui lui soit spécialement consacré.

*E*n réalité, le putting est un jeu en lui-même, intégré au golf.
Il n'y a que de lointains rapports entre le fait d'envoyer une balle en l'air et celui qui consiste à faire rouler une balle sur le green.

Sur le plan pratique, ce coup est à la portée de tous, car ce qui sépare la balle du trou n'est après tout qu'une étendue de gazon uniforme et finement tondu.

Le véritable problème est qu'il n'existe pas deux greens semblables, de la même façon qu'il n'y a pas deux putts qui soient identiques.

Apprécier la façon dont la balle va rouler jusqu'au trou va nécessiter une somme d'expériences.

*L*e green est le lieu des plus grandes joies et des catastrophes les plus mémorables des golfeurs. Rares sont ceux qui ne connaissent pas de problèmes de putting, car c'est certainement la partie du jeu la plus déconcertante.

De toute façon, plus un joueur progresse dans son long jeu, plus son putting revêt de l'importance.

Une chose est certaine : vos scores seront toujours élevés si vous ne réduisez pas le nombre de vos putts.

V ous avez certainement entendu dire qu'au putting il est inutile d'apprendre à putter et que chacun fait comme il veut : ce n'est pas vrai.

C'est probablement d'ailleurs cette opinion qui est à l'origine des médiocres performances des joueurs aux handicaps élevés.

A vrai dire, les meilleurs putters ont beaucoup de bases communes.

Le putting est un art, mais il ne faut pas se tromper de technique. Rien n'est plus individuel que le putting, mais pour que cela soit efficace il faut respecter certains principes fondamentaux.

L'un des buts de ce livre est de vous faire découvrir ces bases, comme il en existe pour votre swing, afin d'acquérir une bonne technique de putting.

*C*ela ne suffira pas pour bien putter. Je vais vous donner les moyens (par des expérimentations individuelles) de personnaliser votre putting en développant vos sensations, afin d'augmenter votre sensibilité et votre toucher.

Vous allez découvrir au fil des fiches de ce livre les énormes moyens qui sont en vous (et qui, pour la plupart, ne sont pas exploités) afin que vous puissiez devenir un excellent putter.

D'un jour à l'autre vous aurez plus ou moins de réussite dans votre putting, mais une chose demeurera constante : votre toucher.

*A*uprès de mes élèves je compare souvent le putting à un iceberg.

La partie émergée représente la technique, les bases, ce que l'on voit.

La partie immergée représente la face cachée du putting, ce que vous ressentez.

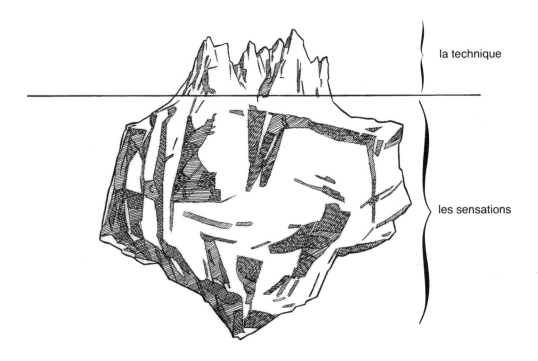

la technique

les sensations

L'un des buts de ce livre est de vous faire entrer dans cette dimension sans laquelle l'iceberg coulerait et votre putting aussi.

Cette méthode efficace de putting est basée sur l'observation et l'analyse du putting des meilleurs joueurs passés et actuels: elle a fait ses preuves sur le terrain.

L'important, avec cette méthode moderne, est que j'associe étroitement technique et sensation : j'individualise en quelque sorte le putting.

Deux joueurs appliquant cette méthode aboutiront à deux façons de putter en apparence différentes mais en ayant assimilé les mêmes bases et développé le même toucher : la forme sera différente mais le fond identique.

B ien sûr, pour être opérationnel sur le parcours, après avoir développé votre mouvement de putting, vous apprendrez à lire les greens dans le chapitre «stratégie» et la façon de vous comporter mentalement.

U n chapitre particulier est consacré aux fameux drills qui permettent d'entretenir et de conserver vos nouvelles sensations.

L e livre se termine par la façon de choisir son putter et les règles indispensables de l'étiquette sur le green.

Préambule

*U*ne des grandes difficultés du putting réside dans le fait que vous devez allier sur une courte distance direction et longueur.

*L*a face de votre putter doit se déplacer dans la zone d'impact perpendiculairement à la ligne de jeu afin de frapper la balle dans la bonne direction.

*S*i vous arrivez à lire correctement le gazon et les pentes du green, vous allez pouvoir envoyer la balle avec confiance, à la bonne vitesse. Or, une balle qui part dans la bonne direction à la bonne vitesse est une balle qui tombe dans le trou!

*C*ontrairement à votre swing, l'amplitude du mouvement est réduite, ce qui ne vous laisse pas le temps de compenser la moindre faute.

C'est la raison pour laquelle nous allons débuter ce livre par les bases du putting, indispensables pour acquérir un mouvement répétitif.

LE SWING DU PUTTING L'ALIGNEMENT DE BASE

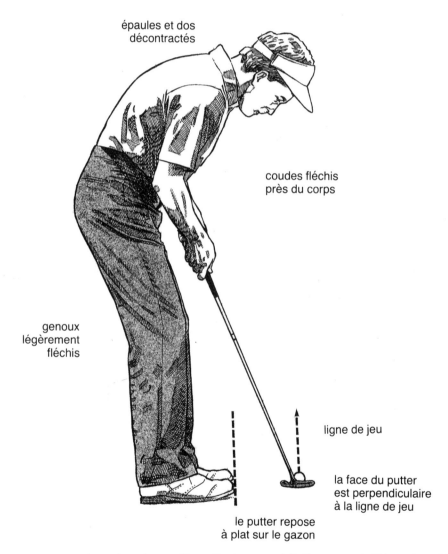

épaules et dos décontractés

coudes fléchis près du corps

genoux légèrement fléchis

ligne de jeu

la face du putter est perpendiculaire à la ligne de jeu

le putter repose à plat sur le gazon

Au putting, comme pour le swing, la position d'adresse et l'alignement déterminent le coup.

La première règle est de bouger la lame du putter vers le trou, par conséquent elle doit être perpendiculaire à la ligne de jeu.

La face du putter est square à l'adresse et devra l'être aussi à l'impact.

LA POSITION DE BASE

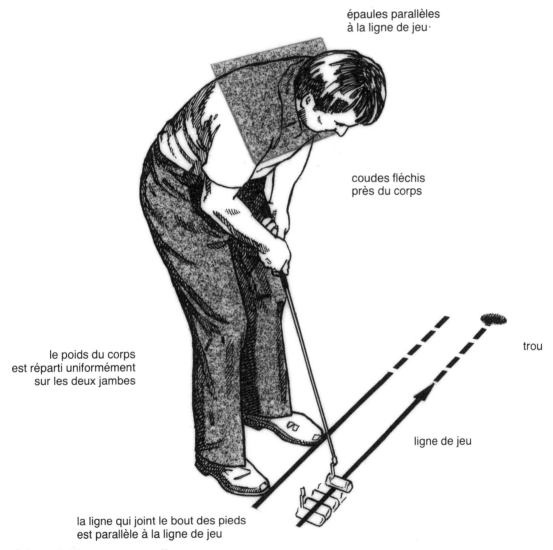

épaules parallèles
à la ligne de jeu·

coudes fléchis
près du corps

trou

le poids du corps
est réparti uniformément
sur les deux jambes

ligne de jeu

la ligne qui joint le bout des pieds
est parallèle à la ligne de jeu

Expérimentation personnelle

A ce stade, essaÿez de trouver l'écartement des pieds qui vous convient.

Nous allons chercher à savoir laquelle de vos mains vous donne le plus de précision, le plus de toucher.

NE PUTTEZ QU'AVEC LA MAIN DROITE

le pouce droit repose sur le dessus du manche

la paume de la main droite est face à l'objectif

Expérimentation personnelle

Expérimentez différentes positions de main droite pour trouver celle qui vous donne le plus de toucher.

TROUVEZ VOTRE GRIP

2

NE PUTTEZ QU'AVEC LA MAIN GAUCHE

le pouce gauche
se situe
sur le dessus
du manche

le dos
de la main gauche
est face
à l'objectif

le putter repose
à plat sur le gazon

Expérimentation personnelle

Expérimentez différentes positions de main gauche pour trouver celle qui vous donne le plus de satisfaction.

NE PUTTEZ QU'AVEC LA MAIN GAUCHE (suite)

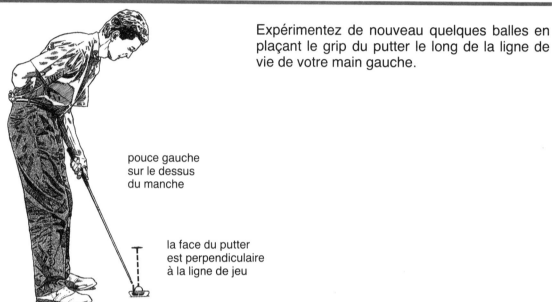

Expérimentez de nouveau quelques balles en plaçant le grip du putter le long de la ligne de vie de votre main gauche.

pouce gauche
sur le dessus
du manche

la face du putter
est perpendiculaire
à la ligne de jeu

le putter
repose à plat
sur le gazon

le manche
du putter
passe le long
de la ligne de vie
de la main

pouce gauche
sur le dessus
du manche

Vous verrez qu'en plaçant votre main ainsi vous supprimerez l'action du poignet gauche et vous obtiendrez une meilleure direction; il restera plus ferme pendant le mouvement.

TROUVEZ VOTRE GRIP

De cette expérimentation va dépendre votre grip définitif.

Si la main droite vous donne le plus de toucher

tous les doigts de cette main doivent être sur le manche.

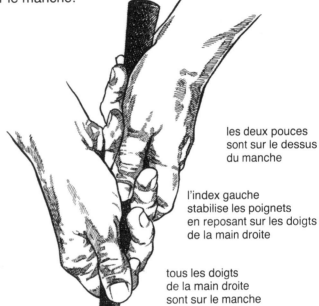

les deux pouces
sont sur le dessus
du manche

l'index gauche
stabilise les poignets
en reposant sur les doigts
de la main droite

tous les doigts
de la main droite
sont sur le manche

tous les doigts
de la main droite
sont sur le manche

les deux pouces
sont sur le dessus
du manche

Essayez aussi le grip inversé.

les deux derniers doigts
de la main gauche
chevauchent la main droite
afin d'obtenir
une meilleure unité des mains

TROUVEZ VOTRE GRIP

5

Si la main gauche vous donne le plus de toucher

tous les doigts de cette main gauche doivent être sur le manche.

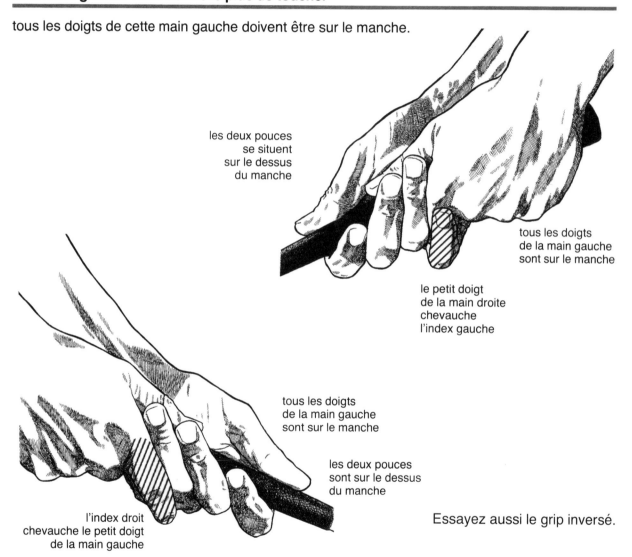

les deux pouces se situent sur le dessus du manche

tous les doigts de la main gauche sont sur le manche

le petit doigt de la main droite chevauche l'index gauche

tous les doigts de la main gauche sont sur le manche

les deux pouces sont sur le dessus du manche

l'index droit chevauche le petit doigt de la main gauche

Essayez aussi le grip inversé.

Remarque

Si les résultats sont identiques avec chaque main, essayez les quatre grips à tour de rôle pour voir celui qui vous satisfait le mieux.

TROUVEZ VOTRE GRIP 6

Vos mains doivent se compléter.

La clé d'un bon grip est de trouver celui qui vous donne confort, contrôle et toucher.

Chaque grip est individuel, la taille et la configuration de vos doigts et de vos mains sont des facteurs importants.

C'est à vous de trouver le grip qui soit à la fois confortable et efficace.

En règle générale, vos mains seront à peu près parallèles et face au trou.

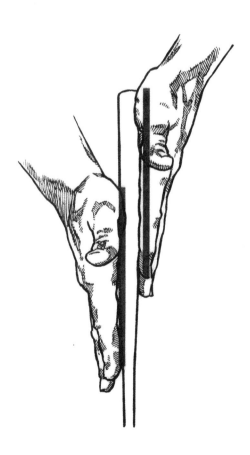

LA FLEXION DU BUSTE
ET LA POSITION DE LA BALLE

Suivant la morphologie du joueur, le corps est plus ou moins penché à l'adresse, c'est une question de confort personnel.

Idéalement, pour avoir une bonne vision de la ligne de jeu, vos yeux doivent se trouver à l'aplomb de celle-ci, juste derrière la balle (il est nécessaire donc de jouer la balle à gauche du centre des pieds).

Voici un exercice pour y parvenir.

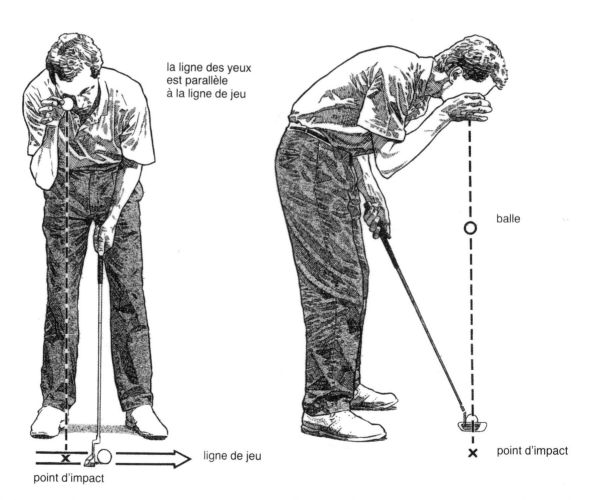

la ligne des yeux est parallèle à la ligne de jeu

balle

point d'impact

ligne de jeu

point d'impact

Il faut également que vos yeux soient parallèles à la ligne de jeu pour que votre optique soit bonne.

LES AVANT-BRAS PARALLÈLES A LA LIGNE DE JEU

Les mains, les bras, les épaules vont agir ensemble pour effectuer un mouvement de balancier avec le putter et permettre à la lame du putter de se déplacer sur la ligne de jeu.

Pour y parvenir plus facilement, la ligne qui joint le dessus des deux avant-bras doit être parallèle à la ligne de jeu.

Si vous avez du mal à le visualiser seul, vous pouvez demander à un ami de vous aider de la façon suivante.

le club reposant
sur les avant-bras
est parallèle
à la ligne de jeu

ligne de jeu

25

LE PUTTER ET L'AVANT-BRAS GAUCHE

Le putter et l'avant-bras gauche doivent être dans le même plan.

Cette position de l'avant-bras est directement liée au grip de votre main gauche comme nous l'avons vu (le manche du putter passant dans la ligne de vie de cette main).

Ce placement vous aide à éliminer une action de poignet trop importante et assure une frappe de balle plus franche.

LA PRESSION DES MAINS
SUR LE MANCHE

Faites l'exercice suivant: placez-vous à environ 6 mètres du trou et lancez plusieurs balles à la main, en alternant la gauche et la droite.

la balle est lancée
avec le bout des doigts

trou

Dans cette action, remarquez que les doigts ne serrent pas la balle, donc adoptez une prise légère sur le manche de votre putter afin de sentir la frappe de balle.

LA PRESSION DES MAINS SUR LE MANCHE

Cette pression légère des mains vous aidera également à sentir le poids du putter et à le déplacer sans effort pendant l'exécution du coup.

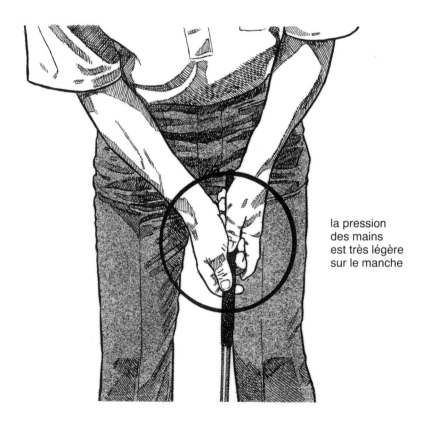

la pression
des mains
est très légère
sur le manche

A vous de sentir si vous préférez un peu plus de pression dans la main gauche (les trois derniers doigts, par exemple) que dans la main droite ou vice versa, ou encore une pression uniforme dans vos deux mains.

En résumé, la pression de vos mains sur le manche est légère et ne doit pas changer pendant l'exécution du coup.

Le grand champion sud-africain Bobby LOCKE, qui gagna quatre British Open, avait un grip très léger. Grâce à cela il avait un sens du rythme et du toucher qui fit de lui l'un des plus grands putters de tous les temps.

Le mouvement du putting ressemble à une action de pendule où la tête de club, les mains et les bras swinguent de l'arrière vers l'avant comme une entité unique.

C'est la raison pour laquelle il est nécessaire d'avoir une bonne mobilité des bras pour permettre ce mouvement de pendule.

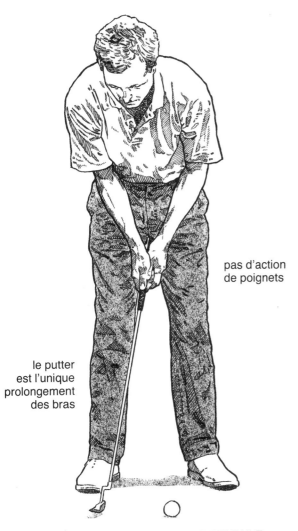

pas d'action
de poignets

le putter
est l'unique
prolongement
des bras

DÉBUT DU MOUVEMENT DE PENDULE

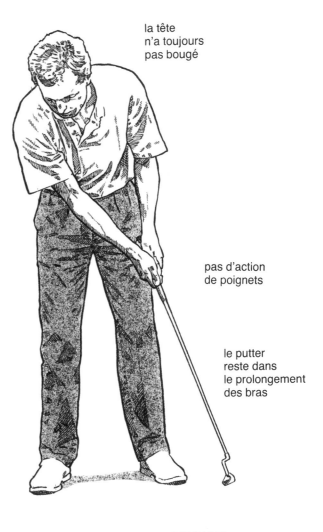

la tête
n'a toujours
pas bougé

pas d'action
de poignets

le putter
reste dans
le prolongement
des bras

FIN DU MOUVEMENT DE PENDULE

L'ACTION DE PENDULE

2

Si votre action de pendule est correcte, la lame de votre putter se déplace le long de la ligne de jeu, sans aucune déviation.

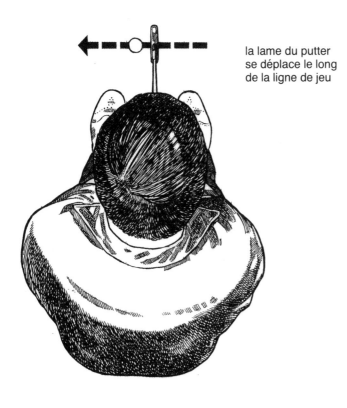

la lame du putter
se déplace le long
de la ligne de jeu

LA DÉCONTRACTION DU DOS ET DES ÉPAULES

Votre action de frappe va émaner de vos mains, de vos bras et de vos épaules ; le tout agissant comme une entité solide qui produit le minimum de déviation de la tête de club.

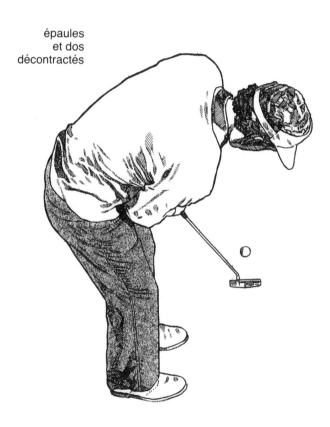

épaules
et dos
décontractés

La décontraction du dos et des épaules favorise la mobilité de vos épaules pendant l'exécution de votre putt. Cela facilitera l'action de pendule de vos bras.

Vous arriverez ainsi à lier plus facilement décontraction et stabilité.

LA TÊTE ET LES JAMBES STABLES

Évitez tout mouvement parasite de la tête ou du corps pendant l'exécution du putt afin d'obtenir un bon impact.

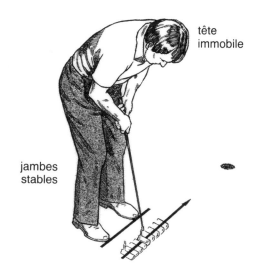

tête immobile

jambes stables

Pour vous aider à sentir cette stabilité, vous pouvez faire les deux exercices suivants.

stabilité de la tête

stabilité des jambes

L'ADRESSE PRÉFIGURE L'IMPACT

On retrouve à l'impact la position d'adresse, en quelque sorte.

ADRESSE

IMPACT

A l'impact, vous devez taper au sweetspot sans que la tête du putter touche le gazon.

la lame du putter se déplace au-dessus du gazon

LA FLEXION DU COUDE GAUCHE

Afin de favoriser l'action de pendule et de permettre à la lame du putter de se déplacer square sur la ligne de jeu, il est impératif de ne pas modifier la flexion du coude gauche pendant le mouvement.

Pour cela, il faut que votre dos soit bien décontracté, ce qui entraînera une meilleure mobilité des épaules.

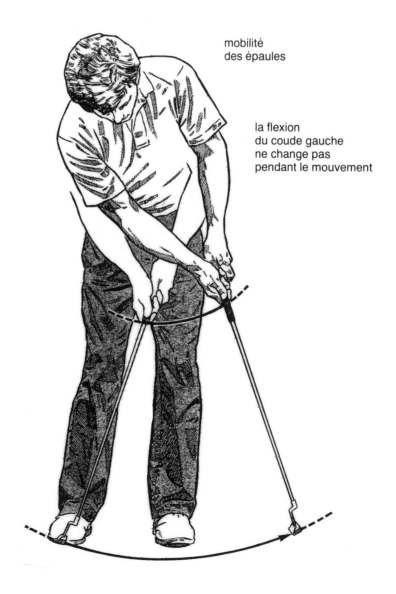

mobilité
des épaules

la flexion
du coude gauche
ne change pas
pendant le mouvement

FRAPPEZ AU SWEETSPOT

Généralement les putters ont une ligne qui indique le centre de gravité de la face du club, le sweetspot, ou endroit idéal de frappe.

Pour le trouver ou le vérifier, procédez de la façon suivante.

le club
est suspendu
par le pouce
et l'index gauches

Lorsque le tee rebondit au sweetspot, aucune vibration n'est ressentie dans le pouce et l'index gauches.

tee

FRAPPEZ AU SWEETSPOT

A l'entraînement seulement, pour améliorer votre contact avec la balle vous pouvez fixer deux sparadraps de part et d'autre du sweetspot.

Car si vous tapez de la pointe, la balle part à droite et si vous tapez du talon, la balle part à gauche.

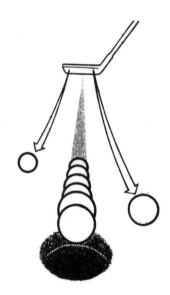

AJUSTEMENT DE LA POSITION D'ADRESSE

Votre position devant la balle doit avant tout être confortable. Tout en gardant ce confort, vous allez essayer d'améliorer votre toucher en jouant sur trois éléments.

• L'ouverture du stance

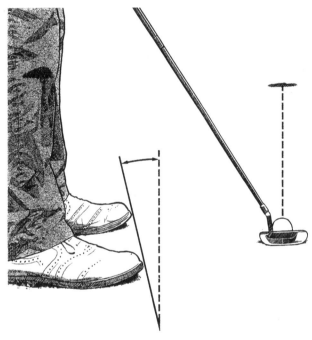

• La position de la balle,

qui pourra être plus ou moins à gauche du milieu des pieds.

AJUSTEMENT DE LA POSITION D'ADRESSE

• **La position du poids du corps,**

plus ou moins sur le pied droit à l'adresse. Insensiblement, votre tête se trouvera davantage derrière la balle, ce qui augmentera votre vision de la ligne de jeu.

poids du corps
légèrement à droite

Il faut savoir qu'une fois trouvée la position qui vous semble idéale, elle ne restera pas figée dans le temps.

Pour conserver votre toucher jour après jour lorsque vous vous entraînez au putting green avant une partie, il vous faudra rechercher à chaque fois la position idéale du jour en « jouant » sur ces trois éléments.

Ces petits ajustements sont une des clés d'un putting régulier.

Jack NICKLAUS modifie certains détails techniques de jour en jour et même de green en green, de son propre aveu.

COMMENT S'ALIGNER

Après avoir étudié la ligne de putt comme nous le verrons dans le chapitre « stratégie », il convient de bien s'aligner sur la ligne choisie.

La démarche sera identique à celle utilisée sur le parcours, c'est-à-dire que vous alignerez toujours la face du putter avant le corps.

Puis positionnement du grip sans modifier l'orientation de la face du putter.

COMMENT S'ALIGNER

2

Puis positionnement des pieds et du corps en regardant la face du putter.

LA FRAPPE DE BALLE

1

La position de la balle, jouée à gauche du milieu des pieds, et le poids du corps légèrement à droite vont permettre de frapper la balle suivant un arc ascendant.

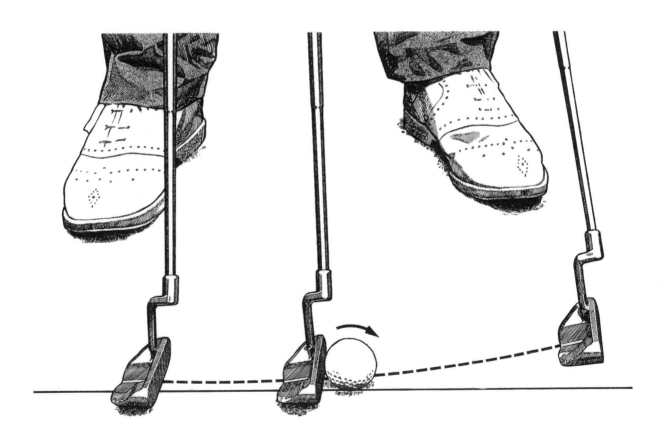

La lame du putter montera lentement près du sol au backswing, puis frappera la balle en remontant. Un effet de topspin sera ainsi imprimé à la balle.

Celle-ci roulera beaucoup. Il ne sera donc pas nécessaire d'avoir une montée très longue.

LA FRAPPE DE BALLE SUR LES PETITS PUTTS

Ne bougez pas vos poignets pendant le mouvement. Le balancier exécuté par le déplacement des mains, des bras et des épaules donne une trajectoire en ligne droite de la lame du putter.

Sur les petits putts la direction compte avant tout.

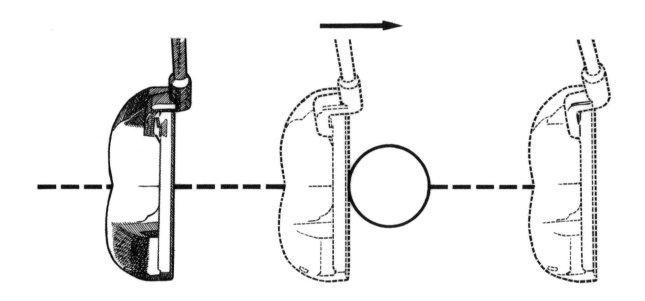

Gardez toujours présent à l'esprit qu'on frappe la balle en remontant.

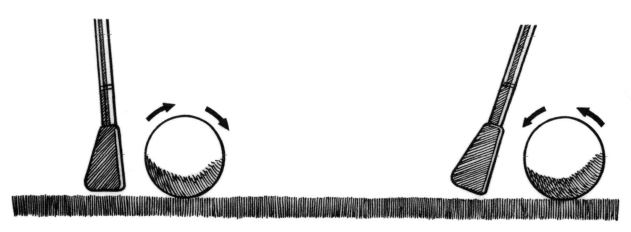

correct   incorrect

42

LA FRAPPE DE BALLE SUR LES LONGS PUTTS

La frappe de balle ressemble à celle du long jeu.

C'est-à-dire que la lame du putter ne décrit plus une trajectoire rectiligne mais un grand arc de cercle.

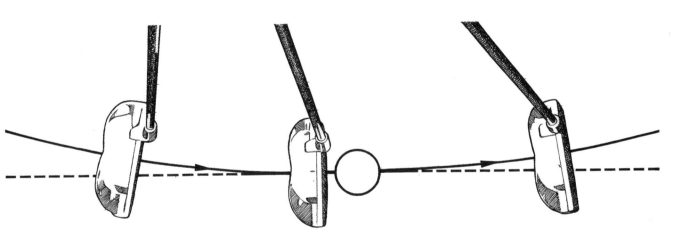

Sur ces longs putts, pour ne pas jouer raide en faisant un grand balancier vous devez utiliser un peu vos poignets.

Cela vous aidera à avoir une frappe de balle plus coulée, donc plus de feeling.

LA FRAPPE DE BALLE SUR LES LONGS PUTTS

léger
mouvement
de poignet

Sur les longs putts la distance compte avant tout.

le poignet
gauche
est cassé

LE RYTHME

La pression des mains étant légère sur le manche, la balle sera frappée avec une douce accélération dans un mouvement lent et rythmé, très fluide.

C'est la longueur du backswing qui détermine la longueur du putt et la distance parcourue par la balle.

Le backswing doit être lent et sa longueur telle que vous ne soyez pas obligé de décélérer en frappant la balle. Votre frappe pourra ainsi être douce et coulée.

changement
de direction
très lent →   lent   douce accélération →

Conséquence : Votre finish sera certainement plus long que votre montée.
Comme sur le long jeu, le changement de direction doit être lent car vous devez prendre le temps de finir votre montée avant d'entamer votre descente.

LE TOUCHER

Pour améliorer votre toucher faites l'exercice suivant : puttez en regardant le trou, pas la balle.

Vous trouverez petit à petit la longueur de votre backswing, fonction de la distance enregistrée par vos yeux.

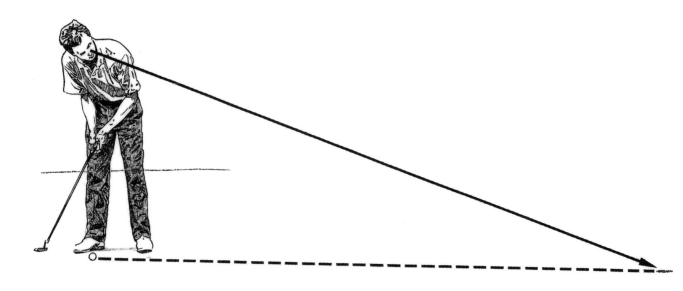

Le toucher est très important, tous les bons putters ont un excellent toucher sur les greens.

LE FEELING

Exercice : puttez en essayant de sentir où est la balle.

Vous allez chercher à savoir après chaque coup où vous pensez avoir envoyé la balle. Puis vous vérifiez en regardant où elle se situe par rapport au trou.

balle à droite du trou
un peu longue

Petit à petit, au fur et à mesure que vos putts se font plus précis et que vous ne commettez plus d'erreurs de jugement, mettez-vous à l'écoute de votre corps pour découvrir la partie de vos mains (et de vos doigts) qui vous renseigne sur l'endroit où est allée votre balle.

Cet endroit déterminé est le siège de votre toucher.

Nous allons voir pourquoi cette découverte est capitale.

AVANT DE FRAPPER

Voici certainement l'un des principes de base les plus méconnus du putting appliqué par tous les bons putters, consciemment ou inconsciemment : avant de démarrer le backswing, il ne faut pas rester immobile devant la balle.

Tout en bougeant votre tête pour regarder le trou, je vous conseille de serrer et de desserrer vos mains sur le manche plusieurs fois, et surtout la partie de vos mains qui est le siège de votre toucher (voir la fiche «feeling»).

Imaginons que ce soit le pouce et l'index droits.

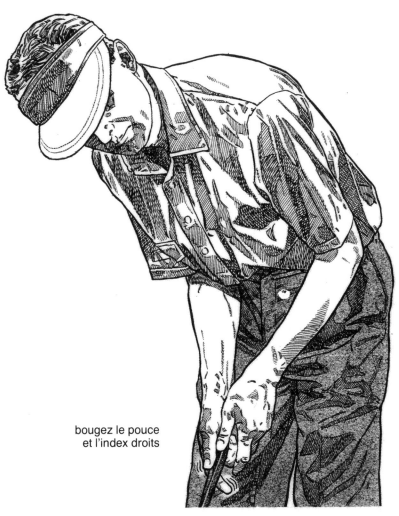

bougez le pouce
et l'index droits

La pression des mains sur le manche sera plus légère et vous préparez ainsi les micro-muscles des doigts à l'action afin d'obtenir le maximum de toucher au moment de l'exécution du coup.

LA ROUTINE DE PLACEMENT

Vous chercherez à répéter toujours les mêmes gestes pour arriver à vous placer devant la balle et être prêt à exécuter votre swing.

Cette routine de placement vous aidera à conditionner votre corps et votre esprit pour le putt que vous allez avoir à jouer.

Le respect scrupuleux de cette routine vous apportera une certaine assurance sous la pression d'un putt important.

Pendant cette routine de placement, vous incorporerez un ou deux mouvements d'essais en cherchant à reproduire le coup que vous allez exécuter.

LA STRATÉGIE

Deux choses influent sur la façon dont roule une balle sur un green.

LA PENTE

D'une part la pente générale du green, d'autre part les pentes qui se trouvent sur la ligne du jeu.

LE GRAIN DU GAZON

Qu'il s'agisse du sens de pousse du gazon par rapport au sol ou de la façon dont le gazon a été coupé.

LA PENTE GÉNÉRALE DU GREEN

En arrivant à quelques dizaines de mètres du green, observez la pente générale : il est fréquent qu'un putt suive cette pente.

LE GRAIN DU GAZON 1

Comme nous l'avons dit, il s'agit du sens de pousse du gazon.

Suivant les pays et les climats, certains greens ont beaucoup de grain et il faut parfois en tenir compte quand on décide de la ligne de jeu.

Nous allons examiner quelques moyens simples pour y parvenir.

Si le gazon est brillant quand vous le regardez, cela veut dire qu'il est couché devant vous et que la balle aura tendance à être accélérée.

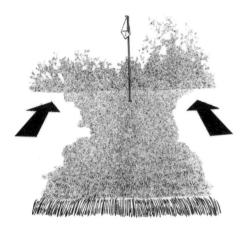
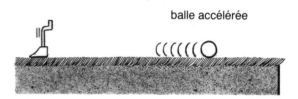

balle accélérée

Si le gazon est sombre quand vous le regardez, il est alors couché vers vous et la balle sera ralentie.

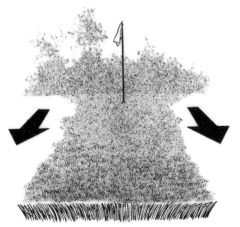
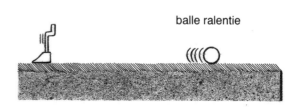

balle ralentie

LE GRAIN DU GAZON

D'une manière générale, le grain :

— est opposé aux montagnes
— pousse dans le sens d'écoulement des eaux
— pousse vers la mer
— pousse dans le sens des vents dominants.

Pour en être sûr, vous pouvez observer les abords du trou.

↓ sur ce bord, fine
↓ couche de terre

donc ↑
le gazon
pousse
dans
ce sens

↑sur ce bord, coupure
│ franche du gazon

Vous verrez que le bord vers lequel le grain pousse est propre alors que sur l'autre bord vous verrez une fine pellicule de terre.

vue du green fraîchement tondu

LE GRAIN DU GAZON 3

Vous devez tenir compte du grain sur les putts en pente.

Lorsque le grain pousse dans le sens de la pente, cela augmente la courbure, il faut donc prendre plus de pente.

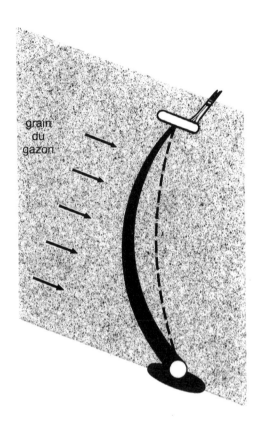

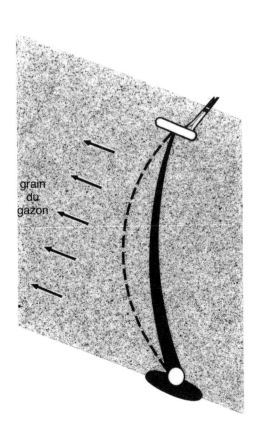

Lorsque le grain pousse dans le sens inverse de la pente, cela diminue la courbe, il faut donc prendre moins de pente.

OBSERVATION DE LA LIGNE DE JEU   1

Observez la ligne de jeu en vous tenant accroupi derrière la balle, assez loin d'elle afin de mieux voir les pentes.

Puis mettez-vous à l'écart de côté pour que vos yeux enregistrent la distance balle-trou à parcourir.

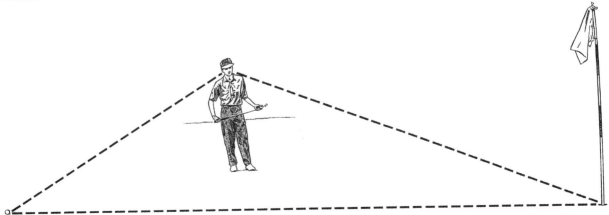

Observez bien les pentes aux abords du trou, car la balle en fin de course près du trou est plus sensible aux pentes et aux aspérités de surface que plus tôt dans sa course.

Une fois la ligne de jeu choisie, visez un point intermédiaire sur celle-ci pour y faire passer la balle.

TENEZ COMPTE DU VENT

Le vent, en séchant les greens, accélère le roulement de la balle.

De côté, il fait dévier la balle et lorsqu'il est favorable ou défavorable il l'accélère ou la ralentit.

← vent

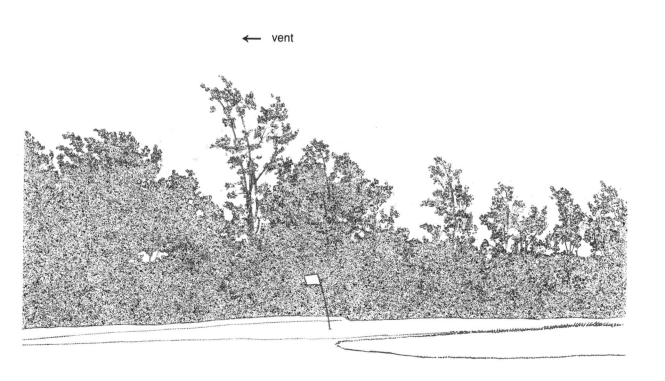

OBSERVEZ LE ROULEMENT DE LA BALLE DE VOTRE ADVERSAIRE

Vous pouvez tirer de précieux enseignements à partir du comportement de la balle de votre adversaire. C'est d'autant plus important si sa balle se situe du même côté du trou que la vôtre.

GREEN LENT ET GREEN RAPIDE

Il faut prendre moins de pente si le green est lent que s'il est rapide.

N'oublions pas que vitesse et trajectoire vont toujours de pair.

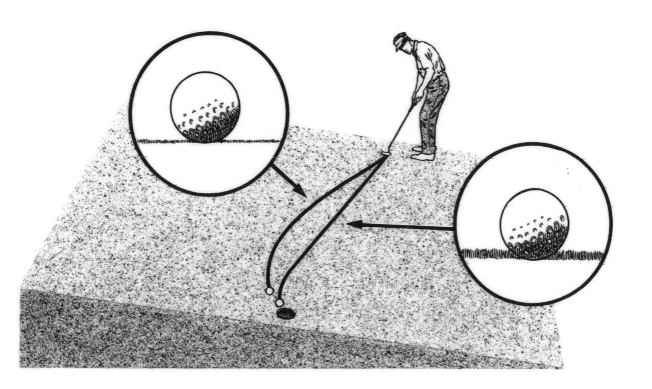

LES LONGS PUTTS

Pour les putts de plus de dix mètres, pensez plus à la longueur du putt qu'à la pente. Faites-vous une cible d'un mètre de rayon autour du trou.

A plus de six mètres du trou, demandez qu'on prenne le drapeau en charge, vous verrez mieux la cible.

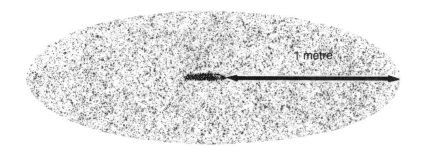

1 mètre

LES PETITS PUTTS

Si vous êtes tendu, prenez plus de pente, laissez mourir la balle vers le trou.

Si vous êtes en confiance, attaquez plus franchement le trou.

De toute façon, sur les petits putts, « écoutez la balle tomber dans le trou ».

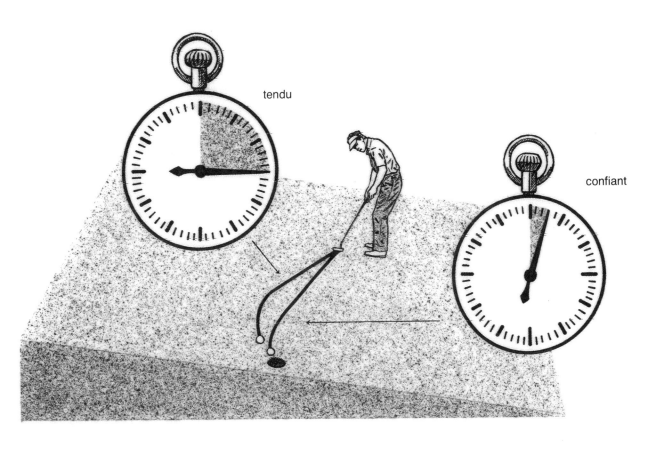

tendu

confiant

PUTTS EN MONTÉE ET EN DESCENTE

Le trou en montée favorise l'attaque car le bord arrière est surélevé : c'est un avantage à ne pas manquer.

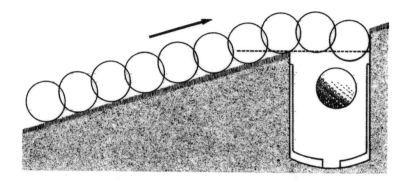

Par contre, sur un putt en descente vous avez plutôt intérêt à laisser mourir la balle dans le trou.

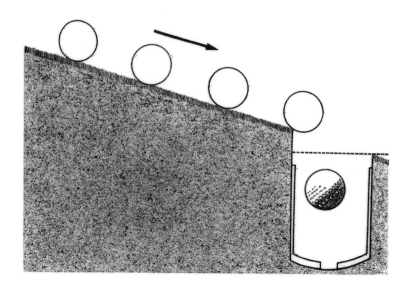

VOTRE PUTT DOIT DÉPASSER LE TROU

Sur les petits putts, il faut frapper la balle de telle manière qu'elle soit en mesure de pouvoir dépasser le trou de trente centimètres environ.
Deux raisons essentielles à cela :

— En fin de course, près du trou la balle prend plus les pentes.
   Si elle a plus de vitesse, elle sera moins sensible aux pentes proches du trou.

— «Never up never in» (la balle n'a aucune chance de rentrer si elle reste courte du trou).

ALIGNEZ LA MARQUE DE VOTRE BALLE

Sur le green, vous avez le droit de relever votre balle en la marquant.
Profitez-en pour la nettoyer et pour aligner la marque de votre balle sur la ligne de jeu. Cela vous aidera à monter le putter square sur cette ligne.

En vous concentrant sur cette inscription, vous éviterez de commettre une des fautes les plus fréquentes du putting qui consiste à suivre la tête du putter pendant la montée.

SUR L'AVANT-GREEN

A condition que l'avant-green soit bien tondu et que vous ne soyez pas éloigné de plus de deux mètres du bord du green, utilisez votre putter.
Rappelez-vous qu'au golf il est plus facile de faire rouler une balle que de la lever.

Arnold PALMER a dit un jour de ce coup sur l'avant-green: «Votre plus mauvais putt sera au moins aussi bon que votre meilleur chip.»

DÉCONTRACTEZ-VOUS AVANT DE PUTTER

Après avoir fait des pleins swings pour arriver au green, vos doigts sont un peu tendus. Après avoir ôté votre gant, pour retrouver toute votre sensibilité vous pouvez faire quelques manipulations avec vos doigts en les croisant, les étirant, un peu à la manière d'un pianiste.

Profitez-en aussi pour respirer une ou deux fois profondément, c'est un bon moyen pour se relaxer.

RETENEZ VOTRE RESPIRATION

Le mouvement du putting est un mouvement de haute précision, c'est la raison pour laquelle il faut supprimer tout mouvement du corps qui risque de faire dévier même imperceptiblement la face du putter.
En retenant votre respiration vous augmentez vos chances de réaliser un bon putt.

LE MENTAL

Tous les bons putters attribuent leurs succès à une bonne approche mentale.

L'idée générale est que votre esprit doit être orienté vers la cible et non vers la balle. Si vous pensez trop à la balle, votre coup aura tendance à s'arrêter sur elle.

L'imagination a aussi un rôle important à jouer. Vous devez visualiser la ligne de jeu et la vitesse de votre balle avant de frapper.

Et bien sûr ne pas oublier l'approche positive du putt à jouer.

Il ne faudrait jouer aucun putt sans que vous n'imaginiez une conclusion positive, c'est-à-dire une balle tombant dans le trou.

LE MENTAL
SOYEZ RÉALISTE

Il n'est pas nécessaire que le coup soit parfait pour que la balle rentre (le trou a 108 mm de diamètre et la balle 42,67 mm).
D'autre part, le green n'est pas une surface parfaite et vous n'êtes pas une machine.

LE MENTAL - NE PENSEZ JAMAIS AUX CONSÉQUENCES DE VOTRE PUTT

Cela nuirait à votre concentration et augmenterait votre stress.
Faites du mieux que vous pouvez sur chaque putt. Ce n'est pas en échafaudant des hypothèses, et donc en embrouillant votre esprit, que vous améliorerez vos chances de rentrer votre putt, au contraire.

LE MENTAL
VISUALISEZ LA LIGNE DE JEU

La décision de votre ligne de jeu doit se faire avant de vous mettre à l'adresse.

Un des grands secrets du putting consiste à garder cette image mentale de la ligne que doit suivre la balle.

LE MENTAL
PENSEZ AU TROU

Visualisez votre putt jusqu'à voir en pensée la balle disparaître dans le trou.

Quand vous putterez, ayez toujours en tête cette image afin de jouer votre coup avec détermination.

LE MENTAL
NE PENSEZ PAS A LA TECHNIQUE

Il n'est pas possible de penser à la technique et au feeling en même temps.

Laissez vos yeux dire à vos doigts comment et avec quelle force frapper la balle.

Ne pensez pas à la mécanique. Si votre balle part à la bonne vitesse et à peu près sur la bonne ligne, vous pouvez rentrer votre putt.

LE MENTAL
LA CONFIANCE

Analysez tous vos putts avec soin, puis frappez avec confiance.
Un bon putting est le résultat d'une attaque mentale positive combinée à une frappe volontaire.

Concentration et confiance : deux mots clés d'un bon putting.

La confiance que vous avez dans votre putting se répercutera sur vos approches et votre long jeu. En effet, vous ne vous sentirez plus obligé de mettre votre balle le plus près possible du drapeau pour espérer rentrer votre putt. Vous vous sentirez plus détendu dans le reste de votre jeu et de meilleurs coups s'en suivront.

LES DRILLS DU PUTTING

1

Ces drills sont des exercices qui contribuent à développer votre habileté à bien putter.

En outre, ils offrent plusieurs avantages:
— Ils donnent la possibilité de trouver les bons mouvements du putting.
— Ils suppriment les mauvaises habitudes prises, à condition toutefois de les pratiquer régulièrement.
— Ils développent vos sensations musculaires.
— Ils permettent de développer votre putting tout en vous amusant.

Vous devez les inclure dans vos séances d'entraînement.

Voici quelques-uns de mes drills préférés.

LES DRILLS DU PUTTING PUTTEZ SUR LES RAILS

2

Puttez avec deux clubs posés comme des rails de part et d'autre de la balle.

L'écartement des deux clubs doit être à peine plus grand que la longueur de votre putter.

Essayez de frapper la balle sans toucher les deux clubs. Pour y parvenir, gardez un rythme constant et doux.
Je ne vous recommande pas de putter vers un trou, car c'est seulement la mécanique du coup qui nous intéresse.

Ce drill vous aidera à garder la face du putter perpendiculaire à la ligne de jeu tout au long du mouvement.

Beaucoup de putts sont ratés à cause d'un mauvais backswing.
Cet exercice vous fera bien prendre conscience de ce que veut dire «être square à l'impact» et vous donnera l'habitude de frapper la balle en accompagnant (ne pas arrêter la lame du putter à l'impact).

LES DRILLS DU PUTTING PUTTER ATTACHÉ

Le putter est attaché à l'avant-bras gauche.

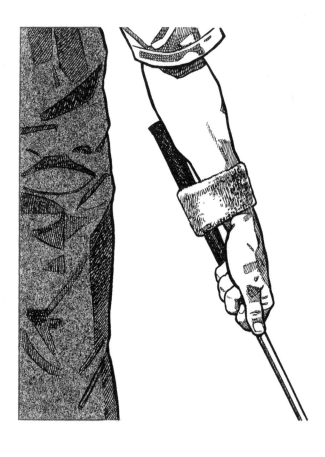

Vous pouvez également le tenir
solidaire de cet avant-bras en vous servant
de votre main droite.

L'entité, club — avant-bras gauche, sera ainsi une entité solide qui empêche tout mouvement
parasite des poignets.

Plusieurs avantages découlent de ce drill :

— Vous gardez plus facilement une pression constante des mains pendant le mouvement.

— Vous prenez l'habitude de frapper la balle en remontant, ce qui lui donne un maximum de topspin.

— Votre rythme sera plus coulé en diminuant le risque d'avoir un backswing saccadé.

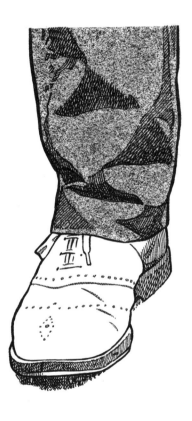
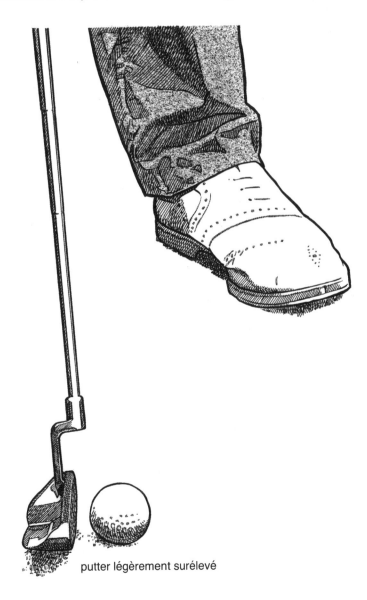

putter légèrement surélevé

LES DRILLS DU PUTTING
BALLE MARQUÉE D'UNE RAINURE

A la circonférence de la balle un trait épais doit être dessiné.
En observant le roulement de la balle vous pouvez déceler les anomalies de frappe en dehors du sweetspot, ce qui donne des effets latéraux à la balle.

Vous oublierez ainsi la technique de votre mouvement pour augmenter la qualité de frappe de votre balle.

les yeux
sont fermés

Vous pouvez aussi profiter de ce drill pour vous demander, avant d'ouvrir les yeux, où vous pensez avoir envoyé la balle par rapport au trou.

Cet exercice est directement lié à la fiche « feeling ».

Amusez-vous avec ce drill sur des petits putts.

Vous serez obligé de vous concentrer au maximum pour frapper la balle au sweetspot du putter placé dans une position inhabituelle.

Vous prenez ainsi conscience de l'importance du point de contact de votre putter avec la balle.

LES DRILLS DU PUTTING
PUTTEZ AVEC UNE PIÈCE DE MONNAIE

C'est un drill très pratiqué au Japon.

Il oblige à se concentrer sur la hauteur de frappe par rapport au sol (rappelez-vous que votre putter ne doit pas toucher le gazon lors de la frappe). Si vous le faites correctement, la pièce de monnaie va se déplacer en glissant sur le green de quelques centimètres.

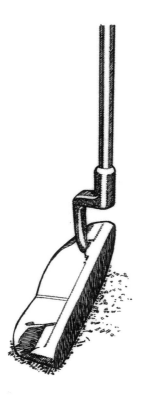

LES DRILLS DU PUTTING
PUTTEZ AVEC DES BALLES DE TENNIS

Beaucoup de petits putts sont ratés par manque de confiance, le trou paraît alors de plus en plus petit.
A l'entraînement, pour créer l'effet inverse, puttez avec des balles de tennis, vous vous rendrez compte que finalement le trou est bien grand pour recevoir ensuite une balle de golf.

LES DRILLS DU PUTTING
TROIS BALLES A LA MÊME DISTANCE

Avoir une frappe de balle constante est très difficile.
Sans viser de trou, vous envoyez votre balle à une certaine distance et vous essayez d'envoyer les deux suivantes à la même distance.

C'est peut-être le meilleur drill pour vous faire prendre conscience de la relation qui existe entre la longueur de votre backswing et la distance parcourue par la balle.

LES DRILLS DU PUTTING VISEZ UN TEE

Après un certain temps, vous aurez l'impression qu'en visant un trou celui-ci paraît énorme.

Dans un deuxième temps, vous pourrez placer votre tee deux à trois centimètres derrière le trou.

Posez le club à cinquante centimètres derrière le trou et essayez d'immobiliser les balles entre le club et le trou (pour celles, bien sûr, qui ne rentrent pas).

Nous avons vu que la balle en fin de course était très sensible aux pentes près du trou. En pratiquant ce drill :

— Votre balle sera moins sensible à ces pentes car elle ira plus vite près du trou.
— Vous ne pourrez jamais rentrer de putt si vous restez court.
— Vous ne compromettez pas vos chances de rentrer la balle au coup suivant puisqu'elle se situera à cinquante centimètres du trou au maximum.

Placez six balles en ligne droite, la première à cinquante centimètres du trou et les autres espacées de trente centimètres.

C'est un drill type pour travailler votre putting en vous amusant.

Placez six balles à un mètre du trou et allez jusqu'à deux mètres cinquante en arc de cercle.

Élargissez de dix centimètres à chaque fois, à condition d'avoir rentré vos six balles d'affilée.

Vous déterminez ainsi votre cercle de confiance, c'est-à-dire la distance maximum à l'intérieur de laquelle vous êtes sûr de rentrer votre putt.

Au cours de vos entraînements, vous chercherez constamment à agrandir cet arc de cercle.

Entraînez-vous beaucoup sur ces putts de moins de deux mètres cinquante.

Vous matérialisez avec des tees votre arc de cercle de confiance.

Puis vous prenez six balles à cinq mètres du trou en cherchant à les faire s'arrêter dans votre arc de cercle. Vous augmentez ensuite votre distance à six mètres, et ainsi de suite.

Ce drill améliorera votre contrôle de distance sur les longs putts.

Jouez six balles sur un long putt et à chaque fois que la balle est jouée placez un tee à l'endroit où elle se situe (vous verrez ainsi si vos balles sont longues ou courtes du trou).

Remarque

Il est préférable d'être deux pour réaliser ce drill.

L'un putte pendant que l'autre remplace les balles par des tees, avant d'échanger les rôles.

Placez six balles en spirale autour du trou, de cinquante centimètres à deux mètres cinquante.

Voilà un exercice qui vous fait travailler de façon amusante les fameux petits putts.

CHOIX D'UN PUTTER

Il existe des centaines de putters différents, aussi trouver le putter idéal n'est pas chose aisée.

Tout dépend également de la vitesse des greens sur lesquels vous jouez.
Si ceux de votre golf sont lents, vous aurez intérêt à opter pour un putter plutôt lourd. Au contraire, s'ils sont rapides, il faudra plutôt choisir un putter léger.

En règle générale, les bons joueurs utilisent des putters d'un poids total d'environ 480 grammes.

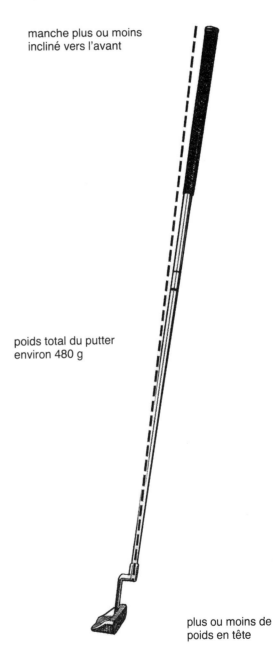

manche plus ou moins incliné vers l'avant

poids total du putter environ 480 g

plus ou moins de poids en tête

A poids total identique, vous pouvez opter pour un putter ayant plus ou moins de poids en tête afin de bien sentir la tête du club.

CHOIX D'UN PUTTER

Les premières fiches de ce livre vous ont aidé à trouver une position confortable par rapport à la balle. Votre buste est ainsi plus ou moins penché à l'adresse et votre avant-bras gauche doit être dans le prolongement du putter. Ceci influe sur deux éléments:

— La longueur du putter (pas la peine de prendre un putter long si vous êtes très penché à l'adresse);
— Le lie de votre putter doit être tel que la semelle repose à plat sur le gazon.

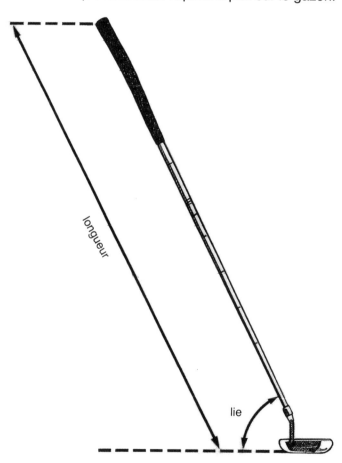

Pour plus de confort dans votre position, vous pouvez opter pour un putter ayant un manche plus ou moins incliné vers l'avant.
La face de votre lame n'est pas verticale, elle a un certain loft qui varie de trois à six degrés.

Suivant votre style de putting, vous devez donc trouver le loft et l'inclinaison du manche qui permettent de faire parfaitement rouler la balle sur le green.

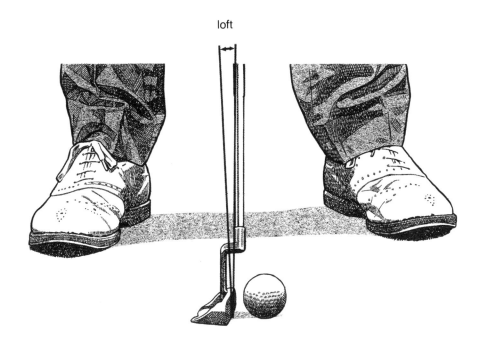

loft

En ce qui concerne la tête du putter, de nombreuses améliorations ont été réalisées au cours de ces dernières années.

Nous avons vu qu'il était important de frapper la balle au sweetspot.
Il existe actuellement sur le marché des putters ayant un moment d'inertie élevé, ce qui permet d'avoir en quelque sorte un sweetspot élargi. Cela donne plus «d'équilibre» au putter quand vous le déplacez.

Choisissez également de préférence un putter avec une semelle arrondie, ce qui donne un peu plus de tolérance à votre frappe de balle et évite de «gratter» malencontreusement le sol.

semelle arrondie

CHOIX D'UN PUTTER 4

La plupart des putters modernes offrent des systèmes de visée à base de lignes. L'alignement de la face du putter en est ainsi facilité.

De nombreux alliages sont utilisés pour fabriquer la tête, il y en a certainement un qui vous procurera plus de toucher que les autres.
Il en est de même pour la qualité du manche et le choix de sa rigidité. De toute façon, un grip plat doit être monté sur le manche pour faciliter le placement des mains, et notamment la disposition des pouces sur le dessus.

Quoi qu'il en soit, la meilleure solution consiste à essayer au putting green différents putters, si possible avec le conseil de votre professeur, avant de faire un choix définitif.

Comme vous le voyez, il n'est pas facile de trouver votre putter idéal, la plupart du temps les qualités que vous recherchez se trouveront sur deux ou trois putters différents mais malheureusement pas sur le même.
Lorsque vous hésitez, prenez toujours celui dont le « look » vous plaît le plus, en quelque sorte celui qui vous donne le plus de confiance.

On appelle étiquette l'ensemble des règles définissant le comportement du joueur vis-à-vis des autres joueurs et du terrain sur lequel il joue. Ce sont des règles simples, de savoir-vivre en quelque sorte.

Nous allons nous intéresser ici plus particulièrement aux règles relatives au green.

• Ne passez pas avec votre chariot entre un bunker et un green

car avec le passage fréquent de nombreux joueurs au même endroit le gazon serait vite détérioré.

• Réparez votre pitch

La balle en tombant sur le green d'une certaine hauteur enfonce le gazon. Il faut le remonter à l'aide d'un relève-pitch ou au pire d'un tee, et aplanir ensuite le gazon avec votre putter.

L'ÉTIQUETTE SUR LE GREEN

Comment marquer sa balle sur le green

Si votre balle gêne un adversaire, celui-ci peut vous demander de la relever.

A ce moment-là vous marquez votre balle avec une marque spéciale ou une pièce de monnaie. Disposez cette marque derrière la balle par rapport au trou et non devant ou à côté.
Si votre marque gêne quand même votre adversaire, vous pouvez la déplacer à gauche ou à droite de la ligne de jeu de une ou plusieurs longueurs de tête de putter. Prenez un point de repère au cours de l'opération (arbre la plupart du temps).

Attention de faire exactement l'opération inverse avant de replacer votre balle.

N'oubliez pas que sur un green vous pouvez relever votre balle en la marquant pour la nettoyer.

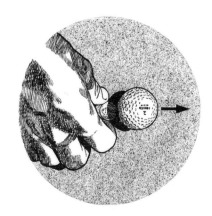

L'ÉTIQUETTE SUR LE GREEN

Ne marchez pas sur la ligne de jeu

de vos adversaires car la marque de vos pieds crée une dépression sur le gazon qui risque de faire dévier la balle.

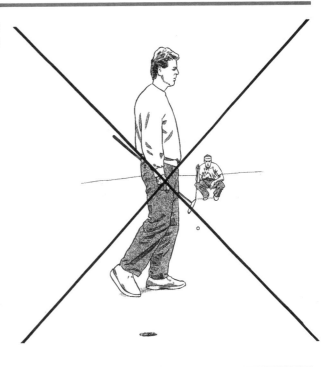

Ne traînez pas vos pieds sur le green

car les clous des chaussures endommagent rapidement le gazon.

Ne marchez pas trop près du trou,

car le gazon, par un piétinement forcément fréquent, souffre beaucoup à cet endroit.

Étudiez votre ligne de jeu pendant que votre adversaire joue,

cela fait gagner du temps.

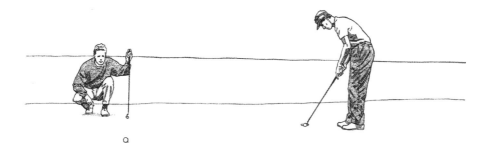

Ne gênez pas le joueur en train de putter

en vous tenant à un endroit susceptible de le perturber, et notamment dans le prolongement de sa ligne de jeu: faites attention à votre ombre.

Ramassez votre balle

à la main au fond du trou, et surtout pas avec le putter afin de ne pas détériorer le bord du trou.

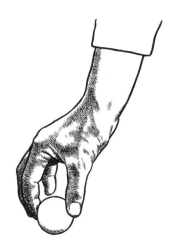

Le drapeau doit être correctement replacé au centre du trou

avant de quitter le green et non pas posé à la
va-vite de travers.

Vous devez quitter le green immédiatement après avoir fini de jouer le trou

Par conséquent, prenez soin auparavant de
placer votre sac sur le trajet que vous emprun-
terez pour aller au départ du trou suivant.

CONCLUSIONS

CONCLUSION

Conclure un livre sur le putting n'est pas chose aisée, pourtant trois grands joueurs vont m'aider à aboutir à une double conclusion.

Le champion Arnaud MASSY était réputé pour ne s'exercer qu'au putting. Ayant toujours trois balles dans sa poche, un putter à la main, il ne pouvait passer près d'un green sans s'entraîner.

Walter HAGEN, autre grand champion, était animé de la même passion que MASSY. Pour pouvoir l'assouvir, il se fit construire un green dans son jardin.

Ma première conclusion est que pour bien putter, il faut aimer putter.

CONCLUSION

Tous les grands joueurs du siècle ont été à leur grande époque les meilleurs putters au monde.

En 1987 avait lieu au golf de La Quinta, à Palm Springs, en Californie, les Skin Games réunissant un quatuor prestigieux: Jack NICKLAUS, Arnold PALMER, Lee TREVINO, Fuzzy ZOELLER, devant des milliers de spectateurs et des millions de téléspectateurs.
Cette épreuve a ceci de particulier, indépendamment des sommes fabuleuses mises en jeu, que chaque joueur dispose d'un micro, agrafé discrètement, afin que les téléspectateurs puissent écouter les réflexions et les dialogues des joueurs.

CONCLUSION

Au green du 16 Jack NICKLAUS* rentre un long putt fantastique.

Arnold PALMER s'avance vers lui et lui dit : « Jack, tu es le plus grand putter de tous les temps. »

Jack NICKLAUS répondit un seul mot que j'ai trouvé merveilleux : « Parfois ».

Ma deuxième conclusion est que pour bien putter, il faut, comme Jack NICKLAUS, rester humble vis-à-vis du putting.

* Jack NICKLAUS a été nommé en 1988 « meilleur golfeur du siècle ».

CONCLUSION

Quelques phrases clés

Jack NICKLAUS :

« Le putting est un mouvement d'inspiration qui n'a rien de mécanique. »

Harry VARDON :

« Le principe le plus important au putting est de maintenir la tête et le corps parfaitement immobiles pendant l'exécution du coup. »

Bobby LOCKE :

« Le grip doit être si léger que le club ne tienne pratiquement pas entre les mains. »

Severiano BALLESTEROS :

« Sensibilité et toucher sont les deux points essentiels pour réussir un bon putt. »

Bobby JONES :

« Il vient un moment où, ayant appris à jouer au golf, vous devez oublier la technique et simplement jouer en exécutant votre swing. »

LEXIQUE

LEXIQUE

Adresse   position du joueur devant la balle avant de jouer.

Approche   coup de golf destiné à atteindre le green — lorsqu'on en est proche — avec un mouvement d'amplitude réduite.

Backspin   effet arrière donné à la balle. Une balle qui a beaucoup de backspin roule peu après son impact sur le sol.

Backswing   partie du mouvement qui consiste à monter le club pour préparer la frappe de la balle.

Bois   club dont la tête est en bois massif ou en métal, on l'appelle alors *bois métallique*. Les plus courants sont les bois numérotés de 1 à 7. Ils sont utilisés pour faire parcourir à la balle des longues distances.

Bunker   obstacle en dépression recouvert de sable. Il existe des bunkers à proximité du green mais aussi sur le parcours. Ils sont là pour rendre plus difficile le parcours et pour pénaliser les mauvais coups.

Chip   coup d'approche destiné à donner à la balle une hauteur de vol moyenne.

Club   canne utilisée pour envoyer la balle en la frappant.

Coup roulé   coup d'approche où la balle se lève très peu mais roule beaucoup. Il se joue très près du green.

Dog-Leg   trou qui tourne à gauche ou à droite. On trouve ainsi des *dog-leg à gauche* et des *dog-leg à droite*.

Drill   exercice destiné à améliorer le swing.

Driver   nom communément donné au bois n° 1.

Driving range   terrain d'entraînement.

Étiquette   ensemble de règles du jeu faisant partie des règles de golf définissant l'attitude que doit avoir le joueur sur le parcours vis-à-vis du terrain et des autres joueurs.

Explosion   coup d'approche à partir d'un bunker où l'on ne frappe pas directement la balle mais le sable qui se trouve juste derrière elle.

Fairway   partie du parcours tondue entre le départ et le green.

Fer   club dont la tête, étroite, est en métal. Ils sont numérotés de 1 à 10. Le *pitching-wedge* et le *sand-wedge* sont en fer également.

Green   partie du terrain entourant le trou où le gazon est finement tondu et roulé. Le green est l'endroit du putting.

Green en régulation   se dit lorsque le green d'un par 3 est atteint en un coup, le green d'un par 4 est atteint en deux coups, le green d'un par 5 est atteint en trois coups.

Grip   désigne deux choses:
• soit la façon de tenir le club,
• soit la partie du manche où l'on place les mains.

Lie   deux significations:
• la position de la balle sur le gazon,
• l'inclinaison du manche d'un club par rapport au sol.

Loft   définit l'inclinaison de la face du club.

LEXIQUE

Par score idéal sur un trou. Il n'existe que des par 3, 4 ou 5.

Pitch deux significations:
- coup d'approche destiné à beaucoup lever la balle,
- petit trou dans le gazon que fait la balle en tombant sur le green.

Pitching-wedge club dont la face est très ouverte et assez lourd. Il est très utilisé dans les approches pour faire des *pitchs*.

Practice terrain d'entraînement où les joueurs travaillent leurs swings en tapant des balles, les professeurs y donnent leurs leçons. Le practice est généralement très voisin du club. Sa superficie est d'environ deux hectares. Quatre distances (50, 100, 150 et 200 m) sont indiquées sur des panneaux.

Putt coup joué sur le green.

Putter club à face verticale servant à faire rouler la balle sur le green en direction du trou.

Putting c'est la partie du jeu qui consiste à faire rouler la balle sur le green.

Putting green green spécialement conçu pour l'entraînement au putting. Il est percé de plusieurs trous afin que différents joueurs puissent s'entraîner en même temps. Il se situe à proximité immédiate du club house.

Recovery se dit d'un coup joué dans une situation critique.

Rough partie du parcours qui borde le fairway de chaque côté et aussi à proximité du green. C'est une partie de terrain non tondu d'où il est très difficile parfois de sortir la balle.

Sand-wedge c'est le club le plus lourd du sac mais aussi celui dont la face est la plus ouverte. Il est très utilisé dans les bunkers à proximité du green en pratiquant la technique de l'explosion. On peut également s'en servir sur le gazon pour beaucoup lever la balle sur une approche.

Socket coup de golf complètement incontrôlé qui part à droite pratiquement à angle droit avec la ligne de jeu.

Square quand un joueur est square par rapport à l'objectif cela veut dire que sa face de club est placée perpendiculairement à la ligne de jeu et que son corps est aligné parallèlement à cette même ligne de jeu.

Stance position des pieds sur le sol. Il en existe trois sortes:
- le stance square: la ligne qui joint le bout des pieds est parallèle à la ligne du jeu,
- le stance fermé: la pointe du pied gauche est légèrement en avant de la ligne de jeu,
- le stance ouvert: la pointe du pied droit est légèrement en avant de la ligne de jeu.

Sweetspot endroit idéal de frappe de balle.

Swing c'est le mouvement de golf dans son ensemble.

Take-away c'est le tout début de la montée quand la tête du club commence à s'éloigner de la balle.

Tee petit objet en bois ou en plastique destiné à être planté dans le sol au départ d'un trou et sur lequel on pose la balle.

Timing c'est l'enchaînement dans le temps des différentes parties du corps pendant l'exécution du swing.

Topspin effet avant donné à la balle. Une balle qui a beaucoup de topspin roule beaucoup après son impact sur le sol.

TABLE DES MATIÈRES

TABLE DES MATIÈRES

TABLE DES MATIÈRES

Fédération Française de Golf
69, avenue Victor-Hugo
75783 Paris cedex 16

Dessins originaux
de
Gilles Scheid

Remerciements
_____

L'auteur tient à remercier
Marie-Odile et Bertrand Leperre,
Jean-Jacques Kielholz,
Henri Rosenfeld
Hubert Wencker.

Couverture : photographies
balles de golf, Gérard Vandystadt

Achevé d'imprimer
sur les presses de l'imprimerie Maury, à Malesherbes.
Photogravure Jovis, à Cachan.
Composition 5 Off 7, à Paris.
ISBN : 2.85108.606.5
Dépôt légal : 2838 - mai 1989
34/0769/9